AESCH-MEZAREPH

ODER

REINIGENDES FEUER

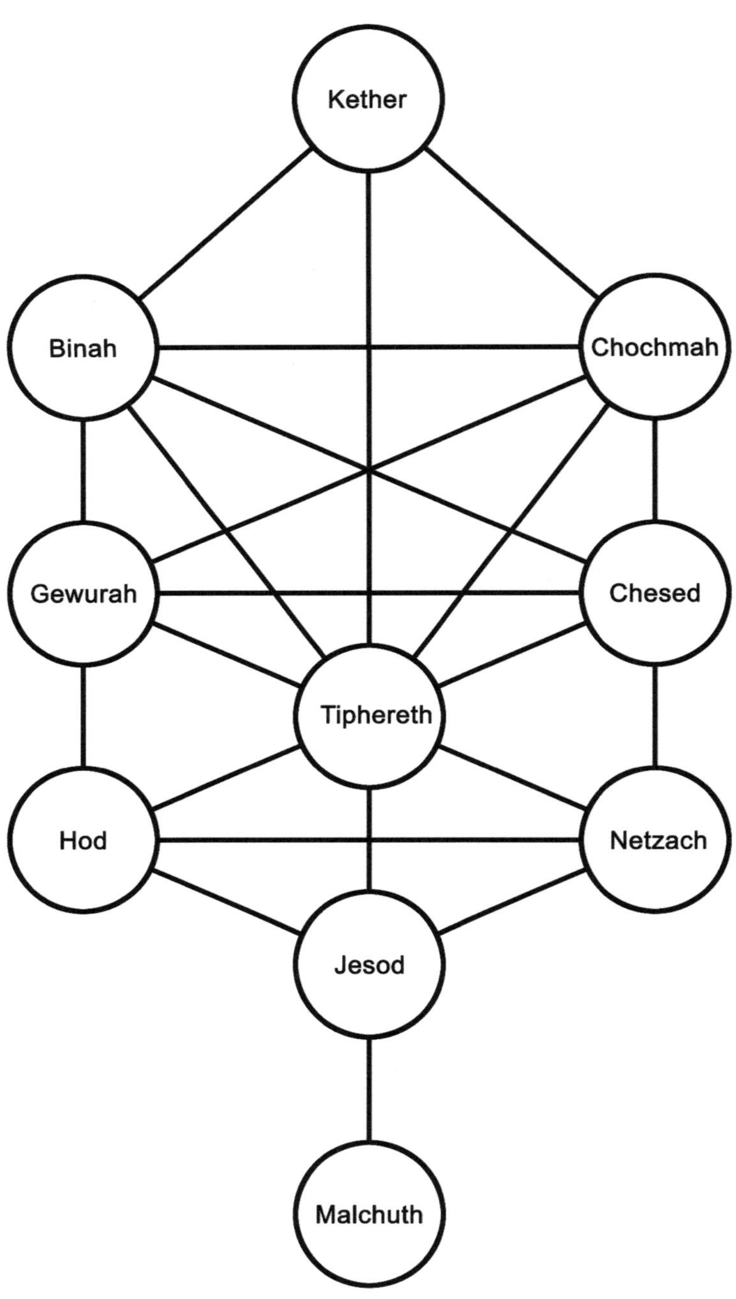

Kether
Binah
Chochmah
Gewurah
Chesed
Tiphereth
Hod
Netzach
Jesod
Malchuth

AESCH-MEZAREPH

ODER

REINIGENDES FEUER

VON

RABBI ABRAHAM

ÜBERLIEFERT VON

KNORR VON ROSENROTH

AUS DER KABBALA DENUDATA

1677

DIE ALCHEMIE ERSTMALS AUFGESCHLÜSSELT NACH
DEM SEFIROTH-BAUM

ÜBERSETZT INS DEUTSCHE

VON

CHRISTIAN EIBENSTEIN

Impressum

Aesch Mezareph
Reinigendes Feuer
Christian Knorr von Rosenroth A.D. 1677

Rabbi Abraham, William Wynn Westcott

Deutsche Übersetzung von Christian Eibenstein

© 2021 Christian Eibenstein
2. überarbeitete Auflage

Herstellung und Verlag:
BoD - Books on Demand, Norderstedt

Umschlaggestaltung: Christian Eibenstein In das Cover wurde der
»Grüne Löwe« aus dem »Rosarium Philosophorum«, 15. Jh.,
eingearbeitet.

Bibliografische Information der Deutschen Nationalbibliothek:
Die Deutsche Nationalbibliothek verzeichnet diese Publikation in der
Deutschen Nationalbibliografie; detaillierte bibliografische Daten sind
im Internet über http://dnb.d-nb.de abrufbar.

ISBN 978-3754334959

VORWORT

Das Aesch Mezareph bedient sich der klassischen kabbalistischen Sprache. In der Tat ähnelt es sehr dem Zohar, selbst Rabbi Eleasar taucht im Aesch auf. Das Buch ist durchdrungen von der Vorstellung, die Transmutation zu bewerkstelligen, wenn man die Allegorien und biblischen Hinweisen richtig anwendet, die ausführlich beschrieben werden. Mit viel Liebe zum Detail beschreibt der Autor die Zusammenhänge und Klassifikationen (Grade) der Metalle im Hinblick auf den Sephiroth Baum und bewegt sich somit ganz in der kabbalistischen Tradition. Die einzelnen Begriffe werden präzise mittels Numerologie in Beziehung gesetzt. Somit entstehen auch für den heutigen Leser interessante Verknüpfungen von Namen, Begriffe und biblischen Begebenheiten. Das Spiel mit den Zahlen gipfelt für jedes der klassischen sieben Metall in der Königsdisziplin – in einem magischen Quadrat. Nicht nur, dass die Summe der Reihen und Spalten stets die gleiche Zahl ergeben, auch andere Lesarten, gebildete Quersummen und übersprungene Zahlen in bestimmten Algorithmen ergeben verblüffenden Einblick in die Ganzheit der Quadrate, die immer ein wenig mehr Weisheit zu beinhalten scheinen, als sie bereit sind, Preis zu geben.

Parallel zur Numerologie ordnet der Autor jedes Metall einem Planeten zu. Dies geht mit den bekannten großen Magiern konform, wie z. B. Agrippa von Nettesheim. Somit spannt das Aesch Mezareph einen großen Bogen zwischen den alten Kabbalisten und der klassischen Magie und mündet schlussendlich in der Alchemie – zumindest in dem Aspekt der Lehre, Gold herzustellen. Doch nicht um des Reichtums willen, sondern um die Unzulänglichkeiten der Schöpfung zu verbessern und Krankheiten zu heilen. Dies geht von der Philosophie aus, dass Gold das perfekte, reine und somit erlöste Metall ist, während die anderen Metalle noch unerlöst sind. Die Aufgabe ist es nun, diese Metalle zu erlösen. Dazu bietet sich der alchemistische Prozess an, in dessen Zentrum der Ofen, der Athanor steht, um die Metalle zu erlösen, zu reinigen. Diese alchemistische Vorstellung bringt uns dann auch zum Titel des Buches – das reinigende Feuer ist schlussendlich der alchemistische Prozess.

Die dritte große Säule nach der Kabbala und der Magie ist die Anleitung zur praktischen Arbeit. Rezepte, die archaisch anmuten, aber gut zu verstehen sind.

Der Autor macht ganz klar, dass niemand schnell das Alchemistische Geheimnis lösen kann, sondern dass dies ein langer Prozess ist, der aber sehr bald sehr große Teilerfolge und überraschenden Reichtum zu Tage fördern kann. Die moralische Seite schwebt hintergründig permanent mit. Die Botschaft ist eindeutig: das Rätsel zu lösen, die Heilkräfte und den Reichtum zu erlangen, ist ganz nah, doch für den, dem die Weisheit und das reine Herz fehlt, dem bleibt das Geheimnis auf immer verschlossen. Wir wollen unser Vorwort mit einem Zitat aus dem Buch schließen: kein Mensch ist weise, es sei denn, sein Meister ist die Erfahrung …

KAPITEL I

Elisha war ein höchst bemerkenswerter Prophet, ein Beispiel natürlicher Weisheit, ein Verächter des Reichtums, (wie die Geschichte von der Heilung Naamans zeigt, 2. Buch der Könige 5,16) und daher war er wirklich reich. Entsprechend dem, was im Pirke Aboth[1] gesagt wird, nämlich: »wer ist reich? Der sich mit seinem Teil begnügt« (Kapitel vier). Denn so hat der wahre Arzt unreiner Metalle keinen äußerlichen Reichtum, sondern er ist wie Tohu[2] der ersten Natur, wüste und leer. Welches Wort hat den gleichen Zahlenwert wie das Wort Elisha, nämlich 411? Es gibt ein sehr wahres Sprichwort im Baba Kama[3] Blatt 71, Spalte 2: das, was den Reichtum ermöglicht, (wie natürliche Weisheit) wird anstelle des Reichtums gegeben.

Lerne daher Naaman[4], der aus dem Norden, aus Syrien kommt, zu reinigen und erkenne die Macht des Jordans an:

---

[1] Auch »Sprüche der Väter«, ein Traktat der Mishna. Das Zitat ist aus dem vierten Kapitel, erster Satz.

[2] Tohu heißt Wüste, sie gilt als Urgrund der Schöpfung, ist also formbar. Der folgende Ausdruck „wüste und leer" bezieht sich auf die Schöpfungsgeschichte, Gen 1,1: »Im Anfang erschuf Gott Himmel und Erde. 2 Die Erde war **wüst** und wirr und Finsternis lag über der Urflut und Gottes Geist schwebte über dem Wasser.« Hier wir im Hebräischen das Wort Tohu (תהו) für wüst genutzt, also nicht im Sinne von verwüstet sondern eher als gleich einer Wüste. Daraus stammt das im Deutschen gebräuchliche Tohuwabohu ab.

[3] Baba Kama (aramäisch: »Das Erste Tor«) ist in einer Reihe das erste von drei talmudschen Traktaten in der Ordnung Nezikin (»Schädigungen«).

[4] Siehe 2 Kön 5, syrischer Hauptmann, er wird durch siebenmaliges Waschen im Jordan von seinem Aussatz geheilt.

Er ist gleichermaßen Jar-din, das heißt »der Fluss des Urteils«, der aus dem Norden fließt.

Und erinnere dich, was in Baba Bathra[5], Blatt 25, Spalte 2, gesagt wird: »derjenige, der einmal weise sein wird, lass ihn im Süden leben, und der, der reich wird, lass ihn sich Richtung Norden wenden, usw.« Obwohl an der gleichen Stelle Rabbi Joshua Ben Levi sagt: »lass ihn immer im Süden leben.« Während er weise wird, wird er gleichzeitig reich werden. »Langes Leben birgt sie in ihrer Rechten, in ihrer Linken Reichtum und Ehre«. Buch der Sprichwörter 3,16. Also begehre keinen anderen Reichtum.

Aber wisse, die Geheimnisse der Weisheit unterscheiden sich nicht von den hohen Geheimnissen der Kabbala. Denn sowiebei der Heiligkeit die Zwangslagen beachtet werden, so ist es auch bei der Unreinheit. Die gleichen Sephiroth, die in Atziluth[6] sind, sind die gleichen in Assiah[7] – ja, es ist die gleiche in diesem Reich, das gemeinhin als das mineralische Reich gilt, obwohl die Exzellenz auf der spirituellen Ebene stets größer ist. Deshalb besetzt hier die metallische Wurzel den Ort »Kether[8]«, der eine okkulte Natur hat und in großer Dunkelheit gehüllt ist. Von dort aus haben alle Metalle ihren Ursprung. Die Natur Kether ist verborgen, und die anderen Sephiroth fließen von dort aus.

---

[5] Auch Bava Batram (»Das letzte Tor«); das dritte von drei Traktaten des Talmuds aus der Ordnung Nezikin.

[6] Höchste der vier kabbalistischen Welten, Gott manifestiert sich als Licht.

[7] Die unterste, stoffliche der vier Welten.

[8] Hebräisch für Krone, die höchste Sephira.

Blei hat den Ort Chochmah[9]. Weil Chochmah sich direkt aus Kether löst, kommt Blei direkt aus der metallenen Wurzel. In rätselhaften Gleichnissen wird es der »Vater« der folgenden Naturen genannt:

Zinn besetzt den Ort Binah[10], es symbolisiert Alter durch sein graues Äußeres und seiner Schattierung. Weiterhin zeigt es Schwere und richterliche Strenge durch sein Knistern[11].

Silber wird von allen Meistern der Kabbala vor allem wegen seiner Farbe und Verwendung unter die Kategorie Chesed[12] gestellt.

Soweit die weiße Natur. Nun folgt die rote.

Gold wird nach der allgemeinsten Meinung der Kabbalisten unter Gewurah[13] gestellt. Hiob 37,22[14] sagt uns, Gold kommt aus dem Norden, nicht nur wegen seiner Farbe, sondern wegen seiner Hitze und dem Schwefel.

Eisen gehört zu Tiphereth[15], denn es ist wie ein Krieger. Nach Exodus 15,2 hat es den Namen »Seir Anpin«[16] wegen

---

[9] Hebräisch für Weisheit.

[10] Verstand.

[11] Eine Eigenschaft von Zinn ist das Knistern beim Biegen (Zinnschrei).

[12] Liebe oder Barmherzigkeit.

[13] Stärke.

[14] Hiob 37,22: »Vom Norden naht ein goldener Glanz, um Gott her ist Furcht erregende Herrlichkeit.«

[15] Balance oder das, was ausgleicht.

[16] Auch Zeir Anpin »das kleine Gesicht«, stark verkürzt könnte man vom männlichen Prinzip sprechen.

seiner aufbrausenden Wut, so auch in Psalm 2,11 ff. »Küsset den Herrn, damit er nicht wütend wird.«

Netzach und Hod sind die beiden mittleren Plätze des Körpers[17], und die fruchtbarsten Gefäße. Sie beziehen sich auf das hermaphroditische Bronze, sowie auf die beiden Säulen des Tempel Salomon, die (in Bezug auf diese beiden Sephiroth) aus Bronze gefertigt wurden, 1 Könige 7,15[18].

Jesod[19] ist Argent Vive[20]. Charakterisierend ist der Name »Leben« gegeben. Dieses lebendige Wasser ist in jedem Fall die Grundlage für alle Naturen und für die metallische Kunst.

Aber die wahre Medizin der Metalle bezieht sich aus vielen Gründen auf Malchuth[21], weil es die übrigen Naturen unter den Metamorphosen von Gold und Silber, rechts und links, Urteil und Barmherzigkeit darstellt. Darüber sprechen wir an einer anderen Stelle ausführlicher.

---

[17] Der Sephiroth-Baum wird auch als Körper des Adam Kadmon, der ursprüngliche Mensch, das Urbild des Menschen, gesehen.

[18] 1 Kön 7,15: »Er formte die zwei bronzenen Säulen. Achtzehn Ellen betrug die Höhe der einen Säule und ein Band von zwölf Ellen umspannte die zweite Säule.«

[19] Fundament.

[20] Argent Vivi steht für Quecksilber, wörtlich »lebendiges Silber« – quecsilbar von germanisch kwikw =(quick)lebendig. Das Wort *quick* aus dem Althochdeutschen hat in einigen Wörtern überlebt z. B. bei *erquickend* oder *quicklebendig*.

[21] Das Königreich.

So habe ich dir den Schlüssel zum Öffnen vieler geheimer Tore ausgehändigt, ich habe die Tür zum innersten Adyta[22] der Natur geöffnet. Aber wenn jemand diese Dinge in einer anderen Reihenfolge ordnet, ich werde nicht mit ihm streiten, da alle Systeme nach der einen Wahrheit streben.

Denn man kann sagen, die drei überirdischen (Sephiroth) sind die drei Quellen der metallischen Angelegenheiten. Das trübe Wasser ist Kether, Salz ist Chochmah und Schwefel ist Binah, aus bekannten Gründen. So repräsentieren die sieben niedrigeren (Sephiroth) die sieben Metalle, nämlich Gedulah (Chesed)[23] und Gewurah, Silber und Gold, Tiphereth das Eisen, Netzach[24] und Hod[25], Zinn und Kupfer, Jesod das Blei – und Malchuth ist die metallische Frau, die Mondgöttin der Weisen – und das Feld, auf dem die Samen der geheimen Mineralien geworfen werden sollen, dies ist das Wasser des Goldes, sowiedieser Name Me-Sahabs[26] auftritt, Genesis 36,39.

Aber wisse, mein Sohn, dass es keiner Zunge erlaubt ist, solche Geheimnisse, die in diesen Dingen versteckten sind, zu

---

[22] Wörtlich »das Unzugängliche«, Ort im antiken Tempel, der nur vom Priester betreten werden durfte.

[23] Gedulah ist ein anderer Begriff für Chesed.

[24] Ewigkeit.

[25] Glanz, Majestät.

[26] Gen 36,39: »Als Baal-Hanan, der Sohn Achbors, starb, wurde König an seiner Stelle Hadar; seine Stadt hieß Pagu. Seine Frau hieß Mehetabel; sie war die Tochter Matreds und Enkelin **Me-Sahabs**.«

äußern. Ich aber werde nichts mit meiner Zunge entweihen, ich werde meinen Mund umzäunen, Psalm 39,2[27].

Gehasi[28], der Dieners Elisha, ist der Typ des einfachen Naturforschers, der über die Täler und Tiefen der Natur nachdenkt, aber nicht in ihre Geheimnisse eindringt.

Folglich bleibt ihre Arbeit vergebens, und sie bleibt auf immer Diener. Sie geben Ratschläge, den Sohn der Weisen zu beschaffen, deren Generation die Macht der Natur übersteigt, aber sie können nichts hinzufügen, um seiner Generation zu helfen, 2 Könige 4,14 (für solchen Zweck ist ein Mann wie Elisha erforderlich)[29]. Die Natur offenbart ihnen nicht ihre Geheimnisse (Vers 26), sondern verachtet sie (Vers 30), und die Auferstehung der Toten ist unmöglich für sie (Vers 31). Gehasi ist gierig (2 Könige 5,20), ein Lügner, (Vers 22), ein Betrüger (Vers 25), einer, der von anderen Männern Taten schwätzt (2 Könige 8,4-5). Anstelle über Reichtum schließt er einen Vertrag über Lepra ab. Mit ihm ist es wie mit Krankheit, Verachtung und Armut, (Vers 27). Die Wörter Gehasi und Chol[30] haben beide den gleichen Zahlenwert.

---

[27] Ps 39,2: »Ich sagte: Ich will auf meine Wege achten, damit ich nicht sündige mit meiner Zunge. Ich lege meinem Mund einen Zaum an, solange der Frevler vor mir steht.«

[28] Vgl. 2 Kön Kapitel 4 – 8; dort wird er beschrieben.

[29] Eine »vornehme« Frau aus Schunem hat keine Kinder und ihr Mann ist alt, Elisha verspricht ihr, dass sie in einem Jahr einen Sohn haben wird, was auch geschieht.

[30] Profan oder gewöhnlich.

KAPITEL II

In metallischen Dingen gehört Gewurah zu der Kategorie, die sich auf Gold bezieht, die wieder ihre Dekade hat, das bedeutet 10 Grade oder Maßen, es sind diese:

1. Chethem, das heißt reines Feingold, es bezieht sich auf Kether; welches sich auf den Kopf bezieht, Hohelied 5,2.

2. Batzar, Gold, bezieht sich auf Chochmah, als läge es in einer Festung, Hiob, 22,24 – 25, und 36,19.

3. Charutz, Buch der Sprichwörter 8,10 – bezieht sich auf Binah, vom Graben danach; der Namen gehört zu dem weiblichen Geschlecht.

4. Zahab Shachut, das ist feingetriebenes Gold, 2 Chroniken 9,15, denn es hat eine Analogie zum Faden Chesed.

5. Zahab, bezieht sich alleine auf Gewurah, weil das Gold aus dem Norden kommt, Hiob 37,22.

6. Paz und Zahab Muphaz beziehen sich auf Tiphereth, 1 Könige 10,18; Psalm 21,4 und 19,11 und Daniel 10,5. Für diese sind Tiphereth und Malchuth zu einem goldenen Thron zusammengesetzt (1 Könige 10,18), wenn es heißt »Glas und Gold« Hiob 28,17; »eine Krone aus Gold« Psalm 21,3 und »ein Fundament aus Gold« Hohelied 5,15.

7. Zahab Sagur bezieht sich auf Netzach, das bedeutet das verschlossene Gold, 1 Könige 4,20 und 21 sowie Hiob 28,15, nämlich, um den Samen hervorzubringen.

8. Zahab Parvajim bezieht sich auf Hod, 2 Chroniken 3,6 und 1 Könige 6,20. Gleich seiner Ähnlichkeit mit dem Blut junger Ochsen ist diese Art rot und befindet sich linker Hand[31].

9. Zahab Tob bezieht sich auf Jesod, dies ist das gute Gold, Genesis 2,12. Diese Art wird »gut« genannt, nach der Art und Weise eines guten Menschen.

10. Zahab Ophir aber bezieht sich auf Malchuth, Hiob 22,24, denn es ist der Name eines Landes, genannt nach der Asche. Siehe auch 1 Chroniken 29,4.

Und jetzt, betreffend des Namens Zahab, werde ich dich in die Höhle der verborgenen Gegenstände führen, und werde dir die Vorratskammer des Salomon zeigen, wie sie in Nehemia 13,13[32] genannt ist. Dies ist die Vollkommenheit des Steins, Exodus 26,6.

Komm und siehe! Es gibt viele Orte, an denen Gold genannt wird, nämlich Gewurah und Binah, und andere spezielle Orte, an denen die Goldarten auf die eine oder andere Weise erreicht werden können. Aber jetzt stelle ich dir die Natur des Goldes in Tiphereth vor.

Weder kann man aus dem Zohar noch aus dem Tikkun[33] heraus Einwände erheben. Doch wisse, hier sollte Tiphereth

---

[31] Linker Hand des Sephiroth-Baums.

[32] Neh 13,13: »Zur Aufsicht über die Vorratskammern bestimmte ich den Priester Schelemja, den Schreiber Zadok und den Leviten Pedaja … «

[33] Jüdisches Gesangs- und Lesebuch. Dient der Vorbereitung zur Schawuotnacht und dem Torastudium.

über die Grade oder Maße von Gewurah verstanden werden. Es ist ein großes Geheimnis, weil Tiphereth gemeinhin Eisen unter sich birgt, von dort aus suchen wir Gold.

Dies sind die Sol oder Sonne der Natur und der Kunst, deren kleinere Zahl[34] zehn ist, das Symbol der Vollkommenheit. Die Gematrie zeigt dir ebenfalls die kleinere Zahl von Tiphereth, ebenfalls von dem Wort Attah (Du), das nach der Berechnung der kleinere dazu gehört.

Mische daher Eisen und Ton, Daniel 2,33[35] und du hast die Grundlage für Gold.

Das ist das Gold, dem der Begriff Tetragrammaton[36] zugeschrieben wird (Exodus 32,5). In der Geschichte vom Kalb, das zu Pulver zermahlen und ins Wasser geworfen wurde (Vers 20), kannst du die sieben Arten des Goldes sehen, die bei der Arbeit unmittelbar nacheinander folgen.

Erstens, einfaches Gold, das kaum Zahab (heb. für Gold) genannt wird, doch es ist wirklich Gold, weder aus der Erde gegraben, noch durch die Gewalt des Feuers zerstört, sondern lebendig, aus dem Wasser aufsteigend, manchmal schwarz, manchmal gelblich und oft in den Farben eines

---

[34] »Kleinere Zahl« beschreibt die Quersumme. Von z.B. 123 ist sie 1 + 2 + 3 = 6. Für 987 ist sie 24. Für die »kleinste Zahl« errechnet man wieder die Quersumme, also von 24 ist sie 6. Dieser Begriff der kleineren oder kleinsten Zahl begegnet uns noch häufiger.

[35] »Die Beine waren aus Eisen, die Füße aber zum Teil aus Eisen, zum Teil aus Ton.« Das Kapitel bei Daniel beschreibt eine Vision des Königs, der ein Standbild, ein »Gott auf tönernen Füßen« gesehen hat, dieses Standbild wird von einem herabrollenden Stein zerstört.

[36] Gottes Namen aus vier Buchstaben, der explizite Name.

Pfaus[37]. Es geht von selbst ins Wasser zurück; und dieses Gold kann Zahab Saba genannt werden, so als ob du Sabi sagst, das Gold der Gefangenschaft, denn es ist erneut gefangen, still in seinem Gefängnis, in dem es vierzig Tage und Nächte fastet, und du nicht weißt, was daraus werden wird (Exodus 32,1). Für dieses Gold gibt es dann kein äußeres Erscheinungsbild, sowieMoses versteckt war und sie nicht wussten, was aus ihm geworden war.

Zweitens wird es zu Zahab Shacuth, als ob es getötet und erschlagen wurde – es stirbt, seine Leiche verwest und wir schwarz: dann steht es unter dem Urteil und die Schale regiert, und die Kraft des Namens aus 42 Buchstaben erfüllt seine Zeit damit.

Drittens folgt dann Zahab Ophir[38], dazu kannst du Aphar[39] sagen, weil es von einer Farbe wie Asche ist. Zu welcher Zeit, das bestimmen dir die zweiundzwanzig Buchstaben des Alphabets.

Viertens, es wird zu Zahab Tob[40], denn es ist gut zu färben, wenn auch nicht in die Farbe Gold, so doch in Silber. Dies nennt man Chethem (Feingold), benannt nach Klagelieder

---

[37] Der Pfau ist zum einen ein Symbol der Wiedergeburt, zum anderen ist es ein Farbenspiel während alchemistischer Experimente. Klassischerweise ist es ein kurzes Farbenspiel zwischen der ersten Phase (Schwärze) und der folgenden Phase (Weiß).

[38] Ophir ist in der Bibel auch der Name eines reichen Landes im Alten Testament. König Salomon hat von dort sein Gold geholt. Ist Ophir das aus ägyptischen Quellen bekannten Land Punt? Punt wird am eheste am Horn von Afrika, vielleicht Somalia, vermutet.

[39] Das Graue, Staub oder Erde.

[40] Wörtlich »gutes Gold«.

4,1[41]. Wie soll Gold mit Rötung gefärbt werden und zu Hacchethem Hattob – das heißt gutes Silber – verändert werden? Und dann gibt es die Textstelle Hiob 22,24[42] »und wirfst es in den Opher[43]«. Er hätte sagen können Ophereth, das bedeutet Blei, Batsar[44] (Silber), das ist das weiße Gold. Von nun an solltest du Silber haben. Und zu dem Silber füge Nachlim[45] hinzu, wenn es in den Zustand eines Steins gelangen soll. Dies sind Flüsse von metallischen Gewässern, davon solltest du Ophir bekommen, es gilt als das Beste. Nun musst du die Zahl des großen Namen Ehejeh[46] haben; denn nach 21 Tagen sollst du diese Dinge besitzen. Wenn du nun dein Schatz öffnen willst, öffne ihn – anstelle von Steinen ist dort nur noch Silber, 1 Könige 10,27[47]. Wenn du Lust auf mehr hast, lass dein Gold entstehen.

Fünftens, Zahab Sagur, das heißt verschlossenes Gold: belasse es im Gefängnis, an dem Ort der Reifung, in den Einge-

---

[41] »Weh, wie glanzlos ist das Gold, gedunkelt das köstliche Feingold, hingeschüttet die heiligen Steine an den Ecken aller Straßen!«

[42] Hiob 22,23 ff: »23 Kehrst du zum Allmächtigen um, so wirst du aufgerichtet. Hältst Unrecht deinem Zelt du fern, 24 wirfst in den Staub das Edelgold, zum Flussgestein das Feingold, 25 dann wird der Allmächtige dein Edelgold und erlesenes Silber für dich sein.«

[43] Ton, Erde, Staub.

[44] Das Wort steht für sich zurückziehen und Kräfte sammeln, z.B. für den Kampf, aber auch das Zurückschneiden der Triebe, damit die Pflanzen im Frühjahr wieder neu ausschlagen.

[45] Hebräisch für »Bach«.

[46] Einer der Namen Gottes »Ehejeh ascher Ehejeh« auf Hebräisch »Ich bin, der ich bin«, siehe Ex 3,14, so antwortet Gott Moses aus dem brennenden Dornbusch.

[47] »Der König machte das Silber in Jerusalem so häufig wie die Steine und die Zedern so zahlreich wie die Maulbeerfeigenbäume in der Schefela.«

weiden der Erde der Weisen, wie die Zeit auf dem Kranken-
bett, Hesekiel 4,6 und das Gold wird zu →

Sechstens, Jarak Rak, das heißt gelbes[48] Gold, wie Zahab
Parvajim[49]. Es handelt sich um die dreißig Männer, die Sam-
son erschlug (Richter 14,19). Mit dieser Tat kommt es zu →

Siebtens, dein Gold wird zu Paz und Muphaz und Uphaz; es
ist gestärkt, um alle unvollkommenen Metalle zu erobern
und zu färben.

Diese ist Charutz, das scharfe, spitze (oder durchdringende)
Ding, wie Hiob 33,6 sagt[50] soll es auf Ton gegossen werden,
das heißt auf unvollkommenen Metalle, die die Kohach
(Kraft) haben, Gold zu produzieren; Tiyt (Ton) und Kohach
(Kraft) haben den gleichen Zahlenwert. »Die Tiefe lässt es
brodeln wie den Kessel, macht das Meer zu einem Salben-
topf. Es hinterlässt eine leuchtende Spur; ...« Hiob 41,23-24.
Gesegnet sei der Name, der Herr der Herrlichkeit für immer
und immer.

Ich schreibe diese Dinge nieder – ich, der Unbedeutende –
nach meinem bescheidenen Wissen, der ernsthaft versucht
hat, geheime Dinge herauszufinden, um alle Geschöpfe zu
heilen. Aber das, was mich dazu bewegt hat, ist ausgespro-
chen im Zohar Heazinu, Kapitel 145 Vers 580 ff, über das

---

[48] Nach der zuvor beschriebenen schwarzen und der darauf folgenden weißen Phase, ist
gelb nun die dritte Phase im alchemistischen Prozess.

[49] Das Wort taucht in 2 Chr 3,6 auf: »Auch schmückte er das Haus mit kostbaren Steinen.
Das Gold war Gold aus Parwajim.«

[50] »Schau, ich bin wie du vor Gott, auch ich bin nur aus Lehm geformt.«

ärztliche Amt, so will ich nicht vom guten und rechten Weg abkommen, bis ich die beste Medizin gefunden haben. Und dies sind die Worte:

Es steht geschrieben (Deuteronomium 32,10) »Er fand ihn in der Wüste, in der Steppe, wo wilde Tiere heulen, er führte ihn, um die Ursache zu finden, und ließ ihn verstehen und hütete ihn wie sein Augapfel. Und dies zu Recht, denn er hat ihn ummantelt, um ihn zu schützen.« Soweit steht dies in dem Buch von Cardanus[51], dem Arzt. Aus diesem Text zog er verschiedene Beobachtungen, die notwendig sind für einen klugen Arzt, um einen Patienten zu heilen, der in einem Krankenzimmer liegt (Genesis 39,20), in dem die Gefangenen des Königs den Herrn der Welt anbeten können. Denn wenn ein umsichtiger Arzt kommt, findet er ihn in dem Land der Wüste und in der Wildnis, der heulend Einsamkeit, die ihn wie eine Krankheit heimsucht, und findet ihn in der Gefangenschaft des Königs.

Hier kann er dagegen einwenden, dass es nicht erlaubt ist, ihn zu heilen, weil der *Eine Heilige*, er sei für immer gesegnet, ihm die Krankheit zugefügt und in Gefangenschaft genommen hat. Aber dies ist nicht so, denn wie schon David sagt (Psalm 41,2): »Selig ist, wer sich den Armen annimmt (heilt), der Herr wird ihn bewahren und am Leben erhalten.« Denn derjenige ist arm, der im Haus der Krankheit liegt. Wenn der Arzt klug ist, dann lädt ihn der *Eine Heilige*, der für immer gesegnet sei, mit Segen auf, auf den verweisend, den er heilt.

---

[51] Hieronymus Cardanus; (* 1501 in Pavia; † 1576 in Rom) war Arzt, Philosoph und Mathematiker.

Der Arzt findet ihn in dem Land der Wüste, das heißt die Krankheit, etc.

Und was für ihn zu tun ist hat Rabbi Eleasar uns gesagt: Bis jetzt haben wir weder etwas von diesem Arzt noch von seinem Buch gehört, außer das eine, dass einmal ein bestimmter Kaufmann mir erzählte, dessen Vater sagen hörte: Zu seiner Zeit gab es einen bestimmten Arzt, der einen Patienten gesehen hatte, der heute sagt: »Dieser eine wird leben und dieser eine wird sterben«. Über ihn wurde berichtet, dass er ein gerechter und treuer Mensch war, der die Sünde fürchtete. Wenn ein Mann die Dinge, die er benötigt, nicht herbeischaffen konnte, er würde sie ihm kaufen und das Notwendige umsonst besorgen. Es wird gesagt, es gab keinen so feinen Menschen in der ganzen Welt. Er erreichte mehr mit seinen Gebeten, als mit seinen Händen.

Und wenn wir annehmen, dieser Mann sei genau derselbe Arzt, von dem der Kaufmann weiter sprach: »Gewiss ist sein Buch in meinen Händen, es wurde mir als Erbe von meinem Vater hinterlassen; und alle Worte dieses Buches sind in dem Geheimnis des Gesetzes verborgen. Darin finden wir tiefgreifende Geheimnisse und viele Heilmittel. Dessen ungeachtet ist es nicht erlaubt, sie jedem zu verabreichen, außer denen, die die Sünde fürchten, etc.«
Rabbi Eleasar sagte: »leih' es mir!«
Er antwortete: »Das werde ich, um dir so die Kraft des heiligen Lichtes zu zeigen.«
»Und du hast es gehört«, sagte Rabbi Eleasar, »dieses Buch war zwölf Monate in meinen Händen, und wir fanden in ihm

erhabenes und kostbares Licht, etc. Wir haben in ihm verschiedenen Arten von Heilmitteln gefunden, geordnet nach den Vorschriften des Gesetzes und den tiefen Geheimnissen, etc. Wir haben gesagt, gesegnet sei der *Eine Heilige* und *Barmherzige*, der den Männern einen Teil der überirdischen Weisheit verlieh.« Soweit an dieser Stelle.

Diese Dinge bewegten mich, ähnliche Bücher zu suchen, die gut und geheim sind. Durch die gute Hand meines Gottes fand ich das, was ich dir jetzt beibringe. Und die Gemme[52] dieses Metall ist ganz wunderbar, denn sie besteht aus sechs mal sechs Feldern, die wunderbar überall die Heilkraft des Buchstaben »Vau« zeigen, bezogen auf Tiphereth. Und alle Spalten und Zeilen, auch von unten nach oben, sowie von rechts nach links und von einem Winkel zum anderen, ergeben die gleiche Summe. Dies kannst du bis ins Endlose variieren. Aus den verschiedenen Summen kannst du immer das Prinzip beobachten, dass ihre kleine Zahl immer 3, 9 oder 6 ist und dann wieder 3, 9 oder 6 – und so weiter[53]. Was dies betrifft, könnte ich dir noch viele Dinge zeigen.

Nun füge ich dieses Beispiel an. Die Summe einer Zeile ist 216. Sie zeigt Arjeh, unseren wundervollen Löwen[54]. 14-mal der Namen Zahab, Gold. Berechne es und werde reich.

---

[52] Stein mit vertieft oder erhaben geschnittenem Bild. Die magischen Quadrate werden alle als Gemme bezeichnet.

[53] Dies meint das Aufsummieren der einzelnen Quersummen in jedem Quadrat. Die Summe, bzw. dann wieder deren Quersumme ergibt immer 3, 9 oder 6. Für die erste Zeile bedeutet dies: (1+1)+(6+3)+5+(6+7)+(6+9)+1=45, 4+5=9

[54] Der Löwe ist das Symbol für Juda, vgl. Gen 49,9. Arjeh (אריה) ist das hebräische Wort für Löwe.

11	63	5	67	69	1
13	21	53	55	15	59
37	27	31	29	45	47
35	39	43	41	33	25
49	57	19	17	51	23
71	9	65	7	3	61

KAPITEL III

Cheseph, Silber, verweist wegen seiner weißen Farbe auf Gedulah (Chesed); es ist ein Symbol für Barmherzigkeit und Mitleid. In Raja Meh heißt es, dass für 50 Schekel Silber (Dtn 22,29), Binah verstanden werden kann, verstanden aber, wenn es von 50 Toren hinabführt zu der Seite von Gedulah (Chesed) – siehe das Buch Pardes Rimmonim[55], Traktat 23, Kapitel 11.

---

[55] Pardes Rimmonim, (heb. »Garten der Granatäpfel«) 1548, von Rabbi Moses ben Jacob Cordovero; * 1522; † 1570, Spanien. Es beschreibt die Schöpfung in 32 »Toren« als Wege und Stationen zur Erlangung der Weisheit. Das Bild der 32 Tore stammt aus dem Buch Jezirah.

Cheseph, Silber, über die metallischen Dinge schreibt Rabbi Mordechai[56]:

Nimm das rote Erz von Silber[57], lasse es sehr fein mahlen; füge anderthalb Unzen feinen Staubes Luna[58] zu sechs Unzen hinzu. Gebe es in einer verschlossenen Phiole in ein Sandbad. Stelle dort ein kleines Feuer für die ersten acht Tage darunter, damit die gröbste Feuchtigkeit verbrannt wird. Die zweite Woche, ein Grad[59] stärker, und die dritte noch stärker, und in der vierten so, dass der Sand zwar nicht rot glüht, aber doch so, dass es zischt, wenn Wasser darauf tropft. Dann bekommst du an der Oberseite des Glases eine weiße Materie, die Materia Prima oder das tönende Arsen. Das ist das lebendige Wasser der Metalle, das alle Philosophen das »trockenen Wasser« nennen, oder ihren Essig. Reinige dies folgendermaßen: lass die kristalline Materie aufsteigend sublimieren; lass sie niederschlagen auf Marmor. Nimm den gleichen Teil des Staubes von Luna dazu, und gebe es in eine Phiole und verschließe sie. Setzte sie wieder in ein Sandbad, die ersten zwei Stunden mit einem sanften Feuer, die zweiten mit einem stärkeren, und die dritten mit einem Feuer mit noch mehr Gewalt. Steigere es dann, bis der Sand zischt, und unser Arsen wird erneut sublimiert. Es bil-

---

[56] Mordechai ist eine Figur im Buch Ester, zum anderen wird hier wohl Rabbi Isak ben Mordechai, Schriftgelehrter aus dem 12. Jh. gemeint sein; er verfasste Kommentare zum Talmud.

[57] Hier wird wahrscheinlich das rote Quecksilbersulfid, Zinnober, gemeint sein

[58] Luna könnte ein Synonym für Silber sein, Silber steht unter dem »Planeten« Mond.

[59] Im Mittelalter und davor wurde die Temperatur in vier Grade eingeteilt.

den sich sternförmig Balken. Da eine größere Menge davon erforderlich ist, sollst du es so anreichern:

Nimm sechs Unzen von diesem, und anderthalb Unzen der reinsten Feilspäne von Luna und mache ein Amalgam. Lasse es in einer Phiole in heißer Asche verdauen, bis das gesamte Luna sich aufgelöst und sich in Arsen-Wasser verwandelt hat.

Nimm anderthalb Unzen von diesem Spiritus und gib ihn in eine verschlossene Phiole. Setze sie in heiße Asche, und es wird aufsteigen und absteigen, heize es kontinuierlich weiter, bis es aufhört zu schwitzen und es aschgrau am Boden liegt. Somit ist die Materie aufgelöst und verwest.

Nimm einen Teil dieser aschgrauen Materie und einen halben Teil des genannten Wassers, vermische es und lass es in einem Glas schwitzen, wie zuvor, was in etwa in acht Tagen geschehen wird. Wenn die aschgraue Erde beginnt wachsweiß zu werden, nimm sie heraus und lasse sie in fünf Waschungen ihr lunares Wasser absorbieren und lass es verdauen, wie zuvor. Lass zum dritten Mal fünf Unzen gleiches Wasser absorbieren, und lass es wie zuvor acht Tage lang gerinnen. Die vierte Absorption erfordert sieben Unzen des lunaren Wassers. Und wenn das Schwitzen beendet ist, ist diese Vorbereitung abgeschlossen.

Nun zu dem *Weißen Werk*. Nimm 21 Drachmen[60] von dieser weißen Erde, 14 Drachmen des lunaren Wassers, 10 Drach-

---

[60] Eine Drachme ist je nach Region und Zeitraum zwischen 2,5 und 5,5 Gramm schwer.

men Pulver reinster Luna. Mixe es in einer Marmorschale und bringe alles zum Gerinnen bis es hart wird. Tränke es mit drei Teilen eigenes Wasser, bis es seine Portion getrunken hat, und wiederhole es so oft, bis es in einer Kupferschale fließt, die rot glühend – ohne Rauch – erhitzt ist, dann sollst du die Tinktur für das Weiß haben, die du mit den Mittel vermehren kannst, die zuvor genannt wurden.

Für das Rote Werk musst du das Pulver von Sol und ein starkes Feuer benutzen. Es ist ein Werk von ungefähr vier Monaten, so der Autor.
Lasse uns dies mit der Schrift des arabischen Philosophen Geber[61] vergleichen, in der er ausführlich über die arsenische Materie schreibt.

Chesed ist im metallischen Königreich Luna, Nemine Contradicente (lat. ohne Widerspruch). Und somit ist die kleinere Zahl von Gedulah (Chesed) sowie die von Sama oder Sima. Silber bezieht sich auf folgende Textstellen: Sprichwörter 16,16 und 17,3 und auch auf Psalm 12,7 und Hiob, 28,1. Silber findet man auch anderen der Sephiroth-Dekaden zugewiesen, zu sehen in Exodus 38,17 und 19, wo Silber das Kapitell[62] der Säulen formt. Hier repräsentiert es Kether oder den Gipfel. Außerdem wird Silber in Sprichwörter 2,4 Binah und in 16,16 Chochmah zugewiesen.

---

[61] Dschābir ibn Hayyān, latinisiert *Geber*, lebte um 800, gilt als Begründer der experimentellen Chemie. Seine Versuchsprotokolle heißen auch »Geber-Schriften«.

[62] Das Kapitell (von lat. capitellum »Köpfchen« von caput »Kopf«) ist der obere Abschluss einer Säule.

Gedulah (Chesed) manifestiert sich aus der Geschichte von Abraham, in der Silber immer bevorzugt wird, Genesis 13,2 und 23,15 – 16 und 24,35 und 24,53.

Gewurah zeigt sich, wenn Silber in das Feuer gelegt wird, Sprichwörter 17,3 und Numeri 31,21, Psalm 66,10, Sprichwörter 27,21, Jesaja 48,10, Hesekiel 22,22, Sacharja 13,9 und Maleachi 3,3.

Tiphereth ist die Brust der Statue, Daniel 2,32.

Netzach ist eine Ader aus Silber, Hiob 28,1.

Hod sind die silbernen Trompeten, Numeri 10,2.

Jesod findet man in Sprichwörter 10,20 und Malchuth in Psalm 12,6.

Die Gemme von diesem Metall hat neun Mal neun Felder, sie zeigt zwanzig Mal die gleiche Summe, und zwar 369. Ihre kleinste Zahl ist 9 und zeigt sich in allen Variationen. Von denen gibt es mehr als tausend mal tausend, denn dies ist Chesed (die Barmherzigkeit) und sie währt ewig, Psalm 136,1.

37	78	29	70	21	62	13	54	5
6	38	79	30	71	22	63	14	46
47	7	39	80	31	72	23	55	15
16	48	8	40	81	32	64	24	56
57	17	49	9	41	73	33	65	25
26	58	18	50	1	42	74	34	66
67	27	59	10	51	2	43	75	35
36	68	19	60	11	52	3	44	76
77	28	69	20	61	12	53	4	45

Barzel heißt Eisen. In der Wissenschaft von der Natur ist dies das Metall der Mittellinie, das von einem Extrem zum anderen reicht. Dies sind der Mann und Bräutigam, ohne die die Jungfrau nicht schwanger wird. Dies ist das Sol, die Sonne oder das Gold der Weisen, ohne den der Mond immer in der Dunkelheit sein wird. Der, der seine[63] Strahlen kennt, arbeitet am Tag, die anderen tasten sich durch die Nacht.

---

[63] »Strahlen« bezieht sich auf Sol und die Sonne, männlich. Nach der Satzstellung könnte man an die Strahlen des Mondes denken, doch er ist weiblich, »Frau Luna«.

Parzala[64], deren kleinere Zahl 12 ist, hat den gleichen Wert wie der Name des blutrünstigen Tieres Dob (heb. Bär), dessen Zahl ebenfalls 12 ist.

Folgende mystische Sache steht bei Daniel 7,5 geschrieben: »Dann erschien ein zweites Tier; es glich einem Bären und war nach einer Seite hin aufgerichtet. Es hielt drei Rippen zwischen den Zähnen in seinem Maul und man ermunterte es: Auf, friss noch viel mehr Fleisch!« Die Bedeutung liegt darin, dass im Hinblick auf den Aufbau des metallischen Königreiches an zweiter Stelle Eisen verwendet wird, aus dessen Mund oder Öffnung (es geschieht in einem irdenen Gefäß) eine dreifache Schlacke von weißlicher Natur ausgestoßen wird.

Lass ihn Basar essen, das heißt Fleisch, dessen kleinere Zahl 7 ist, das ist Puk[65] (Stibium, Antimon), dessen kleinere Zahl ebenfalls 7 ist.

Und in der Tat braucht man viel Fleisch, weil der benötigte Anteil von diesem größer ist als von jenem. Tatsächlich ist der Anteil von Puk (Antimon) 106, Barzel (Eisen) birgt die Zahl 239; und dies soll das Verhältnis von Eisen zu Antimon sein. 106 zu 239.

---

64 Parzala ist chaldäisch und bedeutet ebenfalls Eisen. Der komplette Zahlenwert ist übrigens 318.

65 Antimon von lat. Stibium »Grauspießglanz«, silberglänzendes, sprödes Halbmetall.

Aber verstehe das Fleisch des Löwen[66], welches das erste Tier ist, mit Adlers Schwingen, so vieles ist an ihm flüchtig[67], er wird herausgezogen und emporgehoben. Durch die Reinigung wird er von seiner Erde oder Schlacke getrennt. Er wird auf seinen Füßen stehen, das bedeutet, er wird seine Konsistenz in einem Kegels bekommen; wie ein aufrechter Mensch mit einem leuchtenden Antlitz, wie Moses. Für Enosch[68] und Moses ergibt sich komplett ausgeschrieben nach der Gematrie[69] für jeden 351. Und das Herz aus Eisen (das Wort Herz (heb. Leb) und Eisen (heb. Barzel) ergeben in ihrer kleinsten Zahl jeweils 5.), das bedeutet, das Tiphereth des männlichen Minerals wird ihm zur Verfügung gestellt.

Denn sogar der Name des dazu gehörigen Sterns ist Edom[70], was die Bedeutung eines Roten Mannes hat.

Wenn diese Dinge getan sind, sollte das dritte Biest ergriffen werden, welches wie ein Leopard[71] ist. Dies heißt: Wasser, das nicht befeuchtet, der Garten des Weisen. Nimar, der Leo-

---

[66] Ein Vers vor dem Bären erwähnt Dan 7,4 den Löwen.

[67] Flüchtig im Sinne von »leicht flüchtiger Substanz«, »volatil«.

[68] Enosch ist der älteste Sohn des Sets, des dritten Sohnes von Adam und Eva; vgl. Gen 5,6

[69] Gematrie ist die mystische Buchstabenauslegung. Dabei werden Buchstaben in ihre entsprechenden Zahlenwerte überführt.

[70] Edom heb. rot. Im alten Ägypten wurde Mars als »Horus der Rote« bezeichnet. Das Wort ist nah am Wort Adam, Mensch, und hat auch eine Nähe zum Begriff Erde (ădāmāh), damit ist meist die rote, fruchtbare Erde gemeint.

[71] Der Leopard erscheint nach dem Bären, Dan 7,6. Allerdings wird das Tier heute in der Einheitsübersetzung als Panther übersetzt, frühere Übersetzungen reden von einem Leoparden.

pard, und Jardin haben in ihrer kleineren Zahl die gleiche Summe, nämlich 12. So ist nach dieser Rechnung die Schnelligkeit dieses Wassers einem Leoparden nicht unähnlich.

Und so hat er vier Vogelschwingen auf seinem Rücken[72]. Die vier Flügel sind zwei Vögel, die dieses Biest mit ihren Federn reizen, mit der Absicht, er möge hinzukommen und mit dem Bären und dem Löwen kämpfen; obwohl er selbst flüchtig ist[73], genug beißt und giftig ist wie ein geflügelter Serpent[74] und Basilisk[75].

Und das Biest hatte vier Köpfe, in diesen Worten versteht man die vier Naturen, die in seiner Zusammensetzung lauern, das heißt, weiß, rot, grün, und wässrig.

Und es wurde ihm Macht über die anderen Bestien gegeben, das heißt über dem Löwen und dem Bären, auf dass er ihr Fleisch oder Blut extrahiere.

Aus all diesem ist eine vierte Bestie gemacht worden. In dem 7. Vers (Daniel 7,7) ist dieses Biest fürchterlich, schrecklich und sehr stark: Denn es wirft so starken Qualm aus, dass manchmal die Gefahr besteht zu sterben, wenn es zur unzulässigen Zeit und am unzulässigen Ort gehandhabt wird.

Weiterhin steht bei Daniel: Er hat große Zähne aus Eisen, denn dies ist einer der Teile und Materialien aus denen er be-

---

[72] Vgl. Dan 7,6.

[73] Flüchtig im Sinne von »kann fliegen«, aber auch im Sinne von leicht flüchtig, volatil.

[74] Schlangengott.

[75] Gilt als »König der Schlangen«.

steht. Er fraß und zermalmte alle, und den Rest trat er mit Füßen. Das heißt, trotz so gewaltsamer Natur ist er durch zahlreiches Stoßen und Trampeln schlussendlich gezähmt worden.

Und weiter steht: er hatte zehn Hörner, denn er hat die Natur aller metallischen Zahlen.

Ein kleines Horn etc., aus dem der junge König extrahiert wird, er hat die Natur Tiphereths (die des Menschen), aber von der Natur oder aus dem Anteil von Gewurah: Denn das ist das Gold, dass in der Arbeit der Weisen vorherrscht. Soweit die Vorbereitung.

Und jetzt muss das Biest getötet werden und sein Körper zerstört und dem Feuer übergeben und verbrannt werden, etc. Daraus folgt nun das Regime des Feuers. Wie an anderer Stelle erwähnt (vergleiche Daniel 7, 11[76]).

Das Schwert von dem ruhmreichen Naaman steht im Zusammenhang mit dem Wort Barzel.

Lancea; beim Studium der metallischen Natur gehört an diese Stelle die Geschichte der Phinehas, Numeri 25,7. Durch den Wüstling versteht man, dass der (männliche) arsenische Schwefel, und das (weibliche) trockene Wasser unzulässig zu einem Mineral gemischt werden.

---

[76] »Ich sah immer noch hin, bis das Tier - wegen der anmaßenden Worte, die das Horn redete - getötet wurde. Sein Körper wurde dem Feuer übergeben und vernichtet.«

Mit dem Speer des Phinehas ist die Kraft des Eisens gemeint, die auf die Materie wirkt, um sie von der Schlacke zu reinigen. Mit dem Eisen wird nicht nur der arsenische Schwefel getötet, sondern auch die Frau endlich abgetötet, so dass das Wunder von Phinehas hier passend angewendet werden kann.[77] Siehe an dieser Stelle auch die Targum[78]: Numeri 25,7, weil die Natur des Eisens wunderbar ist, wie seine Gemme zeigt, dessen Zeilen sich auf 65 pro Durchgang belaufen.

Was hier gegeben ist: Die Nummer 5 und ihr Quadrat (das heißt 25) bezeichnet die weibliche Natur, die durch dieses Metall korrigiert wird.

11	24	7	20	3
4	12	25	8	16
17	5	13	21	9
10	18	1	14	22
23	6	19	2	15

---

[77] In Schittim trieb das Volk mit den Moabiterinnen Unzucht und feierten Opferfeste ihrer Götter und fiel vor den Gottheiten nieder. Phinehas ging dem Israeliten in den Frauenraum nach und durchbohrte beide, den Israeliten und die Frau, auf dem Lager. Danach ist die Plage, die die Israeliten getroffen hatte, zu Ende.

[78] Übersetzungen des Alten Testaments aus dem Hebräischen ins Aramäische.

KAPITEL IV

Bedil, das Zinn in der Wissenschaft von der Natur. Dieses Metall wird nicht häufig verwendet, wie es bei der Trennung[79] abgeleitet wird, so bleibt seine Angelegenheit getrennt hinter der universellen Medizin zurück.

Unter den Planeten ist Zinn Zedek (Jupiter) zuzuordnen. Er ist ein weißer Wandelstern, auf dem die Heiden einen abgöttischen Namen gaben, dessen Erwähnung verboten ist, siehe Exodus 22,19[80] und eine große Ausrottung ist versprochen, Hosea 2,17, ff[81] und Sacharja 13, 2[82].

Unter den Bestien wird keine Allegorie besser auf dieses Metall angewandt als die folgende, wegen seinem Knistern (Zinnschrei). Die Bestie kann Chazir Mijaar genannt werden, ein Eber aus dem Wald, Psalm 80,14. Seine Zahl ist 545, die sich nicht nur durch Verfünffachen von 109 ergibt, sondern in ihrer kleinsten Zahl zeigt sie auch ein Quinär[83], wie der Name Zedek 194. Seine Zahlen addiert ergibt 14, und 14 ergibt aufsummiert 5, die zweimal genommen 10 ergibt, die kleinste Zahl des Wortes Bedil, wenn man die beiden Zahlen von 46 zusammenzählt. Fünfmal zehn zeigen uns die fünfzig

---

[79] Beim Schmelzen von Silber trennt sich vorhandenes Zinn ab.

[80] »Wer einer Gottheit außer dem HERRN Schlachtopfer darbringt, soll dem Bann verfallen.«

[81] In Hos 2,19 steht: »Ich werde die Namen der Baale in ihrem Mund beseitigen, sodass niemand mehr ihre Namen anruft.«

[82] »… da werde ich die Namen der Götzen im Land ausrotten, sodass man sich nicht mehr an sie erinnert. …«

[83] Strukturen, die aus fünf Teilen bestehen.

Tore von Binah, und den ersten Buchstaben der Sephira Netzach, welches die sephiroth'sche Kategorie ist, die sich auf das Metall Zinn bezieht.

In der besonderen Transmutation profitiert nicht allein die Natur des Schwefels, sondern auch die anderen Sulfide, vor allem jenem des Roten Metalls. Diese reduziert dichtes Wasser, schreckt es ordnungsgemäß in Gold ab, so auch in Silber, wenn seine Natur zu leichtem Wasser durch Quecksilber (Amalgam) fein gemacht ist, das unter anderem durch Zinn sehr gut hergestellt werden kann.

Aber seine zähflüssige und wässrige Natur kann zu Gold veredelt werden, wenn es ordnungsgemäß pulverisierte wird, mit dem Goldpulver für zehn Tage durch alle Grade des Feuers geht, und nach und nach auf fließendes Gold geworfen wird – in Form von kleinen Portionen. So ist mir gelehrt worden, auch mit Silber zu verfahren. Aber kein Mensch ist weise, es sei denn, sein Meister ist die Erfahrung.

Ich möchte nichts mehr hinzufügen. Er, der klug ist, möge die Natur korrigieren und ihr durch Experimente helfen, wo sie unvollkommen ist.

Kassitera, Zinn; siehe Bedils Gemme, wo die Zahl, die aus jeder Seite resultiert, Dal[84] ist. Sie repräsentiert die Dünnheit und Schändlichkeit von diesem Metall in allen metallenen Operationen.

---

[84] Heb. für gering und (charakter)schwach.

4	14	15	1
9	7	6	12
5	11	10	8
16	2	3	13

KAPITEL V

Hod gehört nach der Weisheit der Natur zur Kategorie Kupfer, denn seine Farbe drückt die Natur Gewurah aus, welches diese Sephira enthält. Kupfer wurde zur Herstellung der Instrumente für Lob und Musik verwendet, 1. Chroniken 15,19. »Und schlugen die bronzenen[85] Zimbeln.« 2. Samuel 22,35, Hiob 20,24, und ähnlich bei 1 Samuel 17,5–6 und 17,38.

---

[85] Im Aesch Mezareph wird Kupfer synonym mit seinen Legierungen verwendet. In der Metallurgie heißen bis auf wenige Ausnahmen (z.B. Messing) alle Legierungen Bronze. Die bekannteste ist die mit Zinn.

Aber weil Hod mit einer Schlange umringt ist, so ist auch Nechuseth[86] umringt – Bronze hat die gleiche Wurzel wie Nachash, die Schlange[87].

»Siebzig Talente Kupfer betrug die Opfergabe« Exodus 38,29. Sie repräsentieren die siebzig Fürsten[88]; für diesen Platz ist die größte Kraft die Rinde oder Schale. Woher kommt das gewisse Maß an Prophetie in Hod? Denn von der Wurzel Nachash kommt das Wort Nechashim, Verzauberungen, Numeri 23,23 und 21,4. Aber er, der neugierig ist, wird herausfinden, dass Hod eine besondere Dekade ist. So auch in der Geschichte des Kupfers. Nach dem Gesetz möge er leicht eine Dekade erarbeiten.

Denn es mögen nicht die Opfergabe im Allgemeinen, aus denen später die Gefäße für den Tabernakel[89] gemacht werden (Exodus 38,29[90]), auf Kether bezogen werden, denn alle Kategorien entspringen daraus.

---

[86] Heb.: Messing, Bronze, Kupfer aber auch Kette, Fesseln.

[87] Hier lautet die Übersetzung des hebräischen Wortes נחש (nachash) »Schlange«. Zusätzlich hat die Wurzel des Wortes drei andere mögliche Bedeutungen: (1) Als Substantiv »derjenige der Wahrsagung praktiziert« (2) »leuchtendes Kupfer.« (3) als Verb »um zu scheinen« oder »um zu glühen«. Auf diese Mehrfachbedeutung beziehen sich die folgenden Absätze.

[88] Vgl. Numeri 11,16. Moses soll 70 Älteste versammeln, die eine Führungsgruppe bilden. 11,17: »So können sie mit dir (Moses) zusammen an der Last des Volkes tragen und du musst sie nicht mehr allein tragen.«

[89] Tabernakel heißt Zelt, der Aufbewahrungsort gesegneter Hostien in der röm. kath. Kirche. Kurzform von »*tabernaculum testimoniim*« es bedeutete soviel wie »Zelt der göttlichen Offenbarung«, »das Allerheiligste« im jüdischen Tempel, Ort der Gottesbegegnung. In der Einheitsübersetzung wird der Begriff mit *Offenbarungszelt* übersetzt.

[90] »Das Kupfer der Weihegaben betrug 70 Talente und 2400 Schekel.«

Zeigt nicht das Becken aus Kupfer, Exodus 30,18[91], die Natur von Chochmah? Von dort ergießt sich ein Strom zu allem Niederen. Aber die Basis dafür ist Binah, die auch aus Kupfer ist, denn Chochmah wohnt darin.

Danach repräsentiert der Altar aus Kupfer (Exodus 27,2) mit seiner Einrichtung die beiden Extreme: Die beiden Stäbe an diesem Ort waren mit Kupfer überzogen und sind sozusagen die beiden Arme, Gedulah (Chesed) und Gewurah. Der Körper des Altars selbst ist Tiphereth. Die vier Kupferringe zur rechten und linken sind Netzach und Hod.

Und das Netzt aus Kupfer anstelle eines Fundamentes ist Jesod.

Und wenn du sagst, der Altar bezieht sich nach gängiger Meinung auf Malchuth, nach denen der Altar den Begriff der Weiblichkeit repräsentiert, dann antworte ich: »Dies ist wahr in Bezug auf die allgemeine Aufteilung von Tabernakel und Tempel. Aber unter den besonderen Kategorien des Kupfers, in denen sich zuvor alle Dinge zur Weiblichkeit neigen[92], und somit auch Tiphereth, wird der Begriff der Männlichkeit so nicht entfernt.«

---

[91] »Verfertige ein Becken aus Kupfer und ein Gestell aus Kupfer für die Waschungen und stell es zwischen das Offenbarungszelt und den Altar; dann füll Wasser ein!«

[92] Interessanter Weise steht Kupfer unter dem Planeten Venus und stützt somit die Repräsentation der Weiblichkeit. Die Referenz auf die Venus wird am Ende dieses Kapitels noch kurz gegeben.

Denn es gibt noch Adne, die Sockel aus Kupfer, Exodus 26,37 und 27,10. Sie waren wie der Boden des Tabernakels und haben folglich genug von der Natur Malchuth.

Wer diese Mysterien weiterverfolgt, kann seinen Diskurs leicht verlängern: Aber ein weiser Mann wird kurzum das Fundament verstehen.

Die wunderbare Gemme gehört zur Kategorie Kupfer. Sie enthält sieben mal sieben Felder. Die Summen der einzelnen Linie, ob horizontal, vertikal oder diagonal, ergeben die gleiche Zahl, und die gleiche zu Tzephah[93].

22	47	16	41	10	35	4
5	23	48	17	42	11	29
30	6	24	49	18	36	12
13	31	7	25	43	19	37
38	14	32	1	26	44	20
21	39	8	33	2	27	45
46	15	40	9	34	3	28

---

[93] Ein wenig verbreitetes Wort für Schlange, welche Bedeutung das Wort hier und im Folgenden hat, ist mir nicht ganz ersichtlich; wahrscheinlich ist das abarbeiten der Reihen in Schlangenform gemeint, wie sich weiter unten zeigt.

Zum Beispiel ergeben hier alle Spalten die gleiche Tzephah 175, wie oben zu sehen ist. Die erste Spalte auf der rechten Seite[94], 4, 29, usw. ergibt 175, und so die restlichen Spalten in Richtung der linken Seite.

Nach der gleichen Art und Weise beachte die oberste Ecke 22 (darin steckt das Geheimnis der 22 Buchstaben), 47, etc. – sie endend mit der Nummer 4, in der das Mysterium Tetragrammaton steckt. Fahre so fort bis nach unten.

Schließlich über Kreuz aus allen vier Ecken zwischen dem Osten[95] und dem Süden (die 46), der Ecke zwischen dem Westen und Norden, 4, 11, 18, usw. ergeben 175, und aus dem Winkel zwischen dem Osten und Norden (die 28), der Winkel zwischen dem Westen und Süden, nämlich 22, 23, 24, usw. – sie alle ergeben 175.

Denke über diese Dinge nach, und du siehst in den Abgrund der Tiefgründigkeit.

Sofern Du nicht auf die Dinge anspielst, die mit Kupfer überzogen wurden, Exodus 27,2 und 6 ff.

Wenn du also die erste weglässt und mit der 2. Reihe beginnst, dann triffst du so fehlerhaft geschrieben auf die Summe Botzatz[96], 1 Samuel 14,4. Wenn du mit der Reihe 3 beginnst, bekommst du die Summe 189. Wenn du mit der Li-

---

[94] Hebräisch ist eine linksläufige Schrift, die erste Spalte ist also rechts.

[95] Der Experimentator blickt hier Richtung Westen. Somit liegt bei der Gemme Westen oben, entgegen unserer Angewohnheit, Karten zu lesen. Somit ist Süden links und Norden rechts.

[96] Auch Bozez, Name einer Felsformation im Buche Samuel.

nie 4 beginnst, dann 196. Wenn du mit der Linie 5 beginnst, dann 203. So steigt der Zahlenwert von einem zum anderen um 7.

Wenn du in eine Zeile die 1., 3., 5., 7., 9. etc. Zahl überspringst, dann beginne mit wem du willst und du erhältst immer den gleichen Zahlenabstand[97]. Auch bei 1, 4 und 7 und 10 und 13, usw. Auch bei 1, 5 und 9, und 13. Dieser Septenar-Netz wird immer jedes Gesicht formen und die gleiche Summe repräsentieren, dessen weitere Verwendung ich anderswo in der Lage sein werde, zu eröffnen.

Nechusheth (Kupfer), siehe hierzu auch den Zohar Pekude, 103, 410, etc., und siehe Hod, wie oben beschrieben. Kupfer steht unter dem Planeten Nogah, sie entspricht der Venus. Sie ist ein notwendiges Instrument zur Förderung des metallenen Glanzes.

Dennoch hat es mehr männlich Anteile als weibliche. Lass dich nicht täuschen, zu glauben, ein weißer Glanz ist dir versprochen, wie das Wort Nogah andeutet. Aber Hod sollte eine gewurah'ischen Einfluss haben, und dies ist auch so. Oh, welch großes Mysterium!

Lerne daher die Schlange emporzuheben, in die Höhe, sie wird Nechushtan genannt, 2 Könige 18,4. Wenn du gebrechliche Naturen heilen willst, folge Moses Beispiel.

---

[97] Hierbei geht man schlangenförmig über die Gemme. Beginnen Sie z. B. mit der 22 oben links. Überspringen Sie immer eine Zahl. Die Zahlen liegen immer um 8 auseinander. 22 – 30 – 38 - 46. In der nächsten Spalte steht dann die 23. Immer wenn eine kleinere Zahl erscheint, beginnt die Reihe von neuem. 23 – 31 etc.

KAPITEL VI.

Chochmah, in der metallischen Lehre die Sephira von Blei, oder dem uranfänglichen Salz, in dem das Blei der Weisen verborgen liegt. Aber wieso ist dem Blei ein solch hoher Ort zugeschrieben, einem so unedlen Metall, das in der Schrift nur selten Erwähnung findet?

Aber hierin liegt die Weisheit! Seine unterschiedlichen Grade sind sehr geheim gehalten, daher wird es nur selten erwähnt. Aber dennoch wird es hier nicht an Beispielen für diese besonderen Sephiroth fehlen.

Kann das, was in Sacharja 5,7[98] gesagt wird »ein Deckel aus Blei emporgehoben« und das was aus der Tiefe geholt wurde, nicht die Grade von Kether repräsentieren? Und das, was im gleichen Kapitel, Vers 8 bezüglich des Steins aus Blei gesagt wird – es setzt sich den Buchstaben Jod vor, der in Chochmah ist.

Dann Hesekiel 27,12 – Blei bezieht sich auf den Ort der Versammlung, von welcher Art Binah ist.

---

[98] Siehe Sach 5,7: »schau: Ein Deckel aus Blei wurde vom Fass gehoben, in dem Fass saß eine Frau.«

Und Amos 7,7[99] – Anak, ein Senklot aus Blei bezeichnet den Faden von Chesed. Anak hat zusammen, das ganze Wort, die Zahl 72, die Nummer von Chesed. Aber in Numeri 31,22 wird Blei zu den feuerbeständig dingen gerechnet, es bezieht sich also auf Gewurah.

Aber bei Hiob 19,24[100] steht: »mit eisernem Griffel und mit Blei … « werden zusammengefügt, somit hast du Tiphereth.

Aber in Hesekiel 22,18 und 20 befindet sich der Ofen – für die Prüfung oder Gnade oder der Ofen des Gerichts, in dem auch Blei gelegt wird. Demzufolge Netzach und Hod, denn von dort sollte ein Fluss aus Silber fließen.

Und Jeremia 6,29 – der Ofen der Bewährung. In ihm wird mittels Blei gutes Silber gesucht. Sind das nicht der gerechte Mensch und der, der rechtschaffen ist, Jesod (das heißt das Fundament)?

Aber wenn du den Meeresboden suchst, Blick auf Exodus 15,10[101], wo der Begriff Malchuth auftritt.

---

[99] In der Einheitsübersetzung ist aus dem Metall leider Zinn geworden: »Dies hat er mich sehen lassen: Siehe, der Herr stand auf einer Mauer aus Zinn und in seiner Hand war Zinn.« Da es sich um Visionen eines Krieges handelt, ist dies sicher sinnvoll, da Zinn für Bronze und das Schmieden von Waffen wichtig war. Luther übersetzt in seiner Ausgabe von 1545 das Wort mit »Bleischnur«, die King James Übersetzung hat noch das Senkblei (plumbline) im Text.

[100] »… mit eisernem Griffel und mit Blei, für immer gehauen in den Fels.«

[101] »Da schnaubtest du Sturm. Das Meer deckte sie zu. Sie sanken wie Blei ins tosende Wasser.«

Das ist das Rote Meer, von dem das Salz der Weisheit gewonnen wird, und über das Meer haben die Schiffe Salomon Gold geholten.

Ophereth (heb. Blei), bezieht sich in der Lehre der natürlichen Dinge auf die Weisheit, denn hier liegt ein großer Schatz der Weisheit verborgen. Und hier ein Zitat aus den Sprüche 3,19: »Der Herr hat die Erde mit Weisheit gegründet …« Ich sagen dir, das ist die Erde, über die Hiob spricht 28,6: »und Goldstaub findet sich darin« Woher kommt er? Beachte das Wort Ophereth, das Blei heißt. Der mythologische Name von Blei lautet Chol, denn darin spiegelt sich das System des gesamten Universums. Das Symbol besteht an der Unterseite aus einem Kreis, es ist das Zeichen universaler Perfektion, und über dem Kreis ist ein Kreuz aus vier Daleths, deren Winkel sich in einem Punkt treffen[102]. Du weißt vielleicht, dass alles Vierfache hierin liegt – und das Vierfache vom Vierfachen: Ob du dich auf die Elemente beziehst, oder auf die Schalen[103] oder Buchstaben oder die Welten.

Und in diesem Blei der Weisen liegen vier Elemente verborgen; das sind: das Feuer, oder der Schwefel der Philosophen; Luft, die die Wasser trennt; das trockene Wasser, und die Erde des wunderbaren Salzes.

---

[102] Das Zeichen für Blei ist eigentlich das des Saturns: ♄; ein Kreis mit einem Kreuz nach oben wäre Antimon. Der hebräische Buchstabe Daleth: ד.

[103] Die materielle Welt entsteht, in der Gutes und Böses gemischt sind. Die Lichtfunken sind in den Kelipoth (Schalen) gefangen.

Dort sind auch die vier Schalen[104] versteckt, die Hesekiel 1,4[105] beschreibt, weil dir in der Vorbereitung der Wirbelwind erscheinen wird. Es erscheint dir eine große Wolke, eingehüllt von einem Feuer, und daraus bricht der ersehnte, kräftige Lichtglanz hervor.

Und auch die natürliche Sephira des Tetragrammaton und das dazugehörige Metall, treten hier auf. Und du wirst auf natürliche Weise bei deiner Arbeit durch vier Welten reisen. Nach dem Trennen und dem Binden[106], das ist mühsam genug, erscheint dir die wunderbare Schöpfung: danach solltest du die Emanation des gewünschten natürlichen Lichtes haben.

Und bedenke, das Wort Chol, dessen Nummer 50 ist, multipliziert mit 15, die Nummer des heiligen charakteristischen Namens in der Sephira der Weisheit, ist das Produkt die Zahl von Ophereth, also 750.

Auch die Gemme von diesem Metall ist wunderbar, in der sich die Nummer 15, nämlich der Name Jah, eine Form von Jehova, in einem Magischen Quadrat von neun Feldern

---

104 Die vier Schalen beziehen sich wahrscheinlich auf Hes 1,6: »Vier Gesichter waren an jedem und vier Flügel hatte ein jedes von ihnen.«

105 »Ich schaute und siehe: Ein Sturmwind kam von Norden, eine große Wolke und ein unaufhörlich aufflammendes Feuer, umgeben von einem hellen Schein. Und aus seiner Mitte, mitten aus dem Feuer, da strahlte es wie glänzendes Metall.«

106 In den alchemistischen Schriften spricht man als die zentrale Schlüsselformel von **Solve et Coagula** (lat: Löse und verbinde).

(denn wir sind in der neunten Sephira) sich in allen ihren Säulen nach dieser Art und Weise zeigt, in dieser Art[107]:

4	9	2
3	1	7
8	5	6

Der Planet Shabthai[108] lauten »Rast, Ruhe«, weil dieses Prinzip die gewünschte Ruhe anbietet.

Und wenn du die Worte Lahab Shabthai berechnest, sie bedeuten der Punkt oder die Kante des Saturns, erhältst du die Zahl von dem Wort Ophereth; nämlich Blei.

DER LÖWE

Arjeh (Löwe) wird in den Naturwissenschaften unterschiedlich angewandt.

1. »Denn es ist Gur Arjeh, ein Junger Löwe«, wie Jacob spricht, Genesis 49,9[109]. Das Wort Gur (das Junge) hat die Zahl 209. Wenn du die Einheit (also die 1) dem Wort hinzu

---

[107] Dieses magische Quadrat ergibt nur in den Spalten (also die erwähnten Säulen) die Summe 15; bis auf die erste Reihe sind die Summen der anderen Reihen und Diagonalen unterschiedlich.

[108] Heb. für Saturn, unter dem das Blei steht.

[109] »Ein junger Löwe ist Juda. Vom Raub, mein Sohn, stiegst du auf. Er kauert, liegt da wie ein Löwe, wie eine Löwin. Wer bringt sie zum Aufstehen?«

addierst, ergibt es 210, das ist die Zahl des Wortes »Naaman, der Syrer, der General der Armee des Königs von Aram«, 2 Könige 5,1. Darunter ist allegorisch zu verstehen, die Angelegenheit der metallischen Medizin wird sieben Mal im Jordan gereinigt, welches viele Männer, die an den metallischen Angelegenheiten arbeiten, Gur (das Junge) nennen.

2. Damit du ein besseres Verständnis von dieser Angelegenheit bekommst, nimm die kleinere Zahl von dem Wort Naaman, sie ist 21, das ist die gleiche Zahl wie vom Namen Kether, er lautet Ehejeh, auch 21.

3. Die Zahl des Namen Naaman (210) addiert mit der Einheit ergibt 211. Dies ist die gleiche Zahl für einen anderen Namen für Löwe, Ari, 211.

4. Auch das Wort Arjeh – Löwe – hat die gleiche Zahl wie das erste Wort der wunderbaren Geschichte, 2 Könige 5,1 »und Naaman, etc.« Es beträgt 216.

5. Außerdem stimmen die Wörter Kaphiyr, ein junger Löwe, und Yarek[110], in ihrer Anzahl überein, bei jedem ergibt sich 310. Und jetzt treffen wir, wie es in den metallischen Mysterien bekannt ist, direkt am Eingang auf das Geheimnis des *Löwen des grünen Wachstums*, den wir den **Grünen Löwen** nennen. Ihn nennen wir so, wie ich dich bitte, glaube nicht, aus keinem anderen Grund als nach seiner Farbe. Nun sei es denn, dass deine Angelegenheit grün sein soll, nicht nur in

---

[110] Ebenfalls ein Wort für Löwe, aber auch »die Lendengegend«, sie gilt als Sitz der Zeugungskraft.

diesem Zwischenstadium bevor dieses Wasser reduziert ist, sondern auch nachdem das Wasser des Goldes daraus gemacht worden ist. Erinnere dich, dieser universelle trockene Prozess muss verbessert werden.

6. Die anderen Namen des Löwen sind Labiy, eine Löwin, wie in Hiob, 4,11: »Die Jungen der Löwin trennen sich«; Hesekiel 19,2: »Deine Mutter, eine Löwin, lag bei den Löwen.«; Nahum 2,12: »Dort ist eine Löwin«, Vers 13: »Der Löwe hat sie getötet für seine Löwin.«

Auch Layish, es bezeichnet einen grimmigen Löwen mit langen, glatten Haaren, wie wir ihn in den Sprichwörter 30,30 finden. Die beiden Namen ergeben in ihren kleineren Zahlen jeweils eine Siebenheit, für Labiy die Zahl 43, die 7 ergibt, und für Layish 340 – ergibt auch 7. Das Gleiche gilt für den Namen Puk, Stibium (Antimon). Die Summe ist 106 und seine kleinere Zahl ist 7 – nichts kann klarer sein. Besonders, wenn der Beiname dieses Minerals hinzugezogen gezogen wird, denn er lautet »der Haarige Diener« oder »der mit langen Haaren« oder »der Starkbehaarte«. Viele solcher Namen sind ihm gegeben.

7. Es gibt noch einen weiteren Namen eines Löwen gemäß den Meistern des hohen Rates (Sanhedrim) in Kapitel 11 ff. 95, Zeile 1, es lautet Shachatz (Stolz, Löwe). Dieser wird auch im Targum[111] verwendet; Psalm 17,12. Die Zahl ist 398, ihre kleinste Zahl ist 2. Das chaldäische Wort Tzadida zeigt ebenfalls die 2 als kleinste Zahl. Es wird im Targum gebraucht an

---

[111] Übersetzungen des Alten Testaments aus dem Hebräischen ins Aramäische.

der Stelle: 2 Könige 30,30[112] und Jeremia 4,30 – anstelle des hebräischen Wortes Puk (Antimon), dessen Summe (von Tzadida) 109 ist, sie ergibt zusammen mit der Einheit 110, und ihre kleinste Zahl ist wiederum 2.

8. Endlich treffen wir hier auf den Namen des schwarzen Löwen, um ihn zu verstehen. Er lautet Shacal. Seine Zahl ist 338, und seine kleinste Zahl ist 5.
Nun nimm die kleinste Zahl des Wortes Naaman (210) es ist die 3, und die kleinste Zahl des chaldäischen Wort Parzel (Eisen), es ist die 2. Somit hast du 5, den Schwarzen Löwen.

9. Zahab, Gold, ist nach dem Namen »Roter Löwe« benannt, und so ergeben sich nicht nur die kleineren Zahlen der Namen Labiy und Layish 14. Aber auch die kleinste Zahl vom Wort Zahab ist 5, und wie ich bereits gesagt habe, gleich mit Shacal.

Aber unter diesem Begriff soll Gold verstanden werden, das entweder bereits verdorben ist oder das schließlich aus den Minen der Weisen abgebaut wurden – Schwarz in der Farbe, aber Rot in der Kraft.

---

[112] Das 2. Buch der Könige wird seit dem Mittelalter in 25 Kapitel unterteilt. Verstörend ist somit die Angabe des 30. Kapitels.

KAPITEL VII.

Yarden (Jordan) bezeichnet ein Wasser der Mineralien, es ist nützlich für die Säuberung der Metalle und des aussätzigen Minerals. Aber dieses Wasser entspringt aus zwei Quellen, wovon eine Jeor[113] genannt wird. Das Wasser aus ihr hat die Natur der rechten Hand und ist sehr großmütig. Die andere Quelle heißt Dan, der Dan steht für Strenge, und hat eine starke Natur.

Der Strom fließt durch den Salzsee[114], der beobachtet werden sollte, und wird schließlich mit dem Roten Meer vermischt, eine schweflige Angelegenheit, männlich, und allen wahren Kunstfertigen bekannt.

Aber wisse, wenn der Name Zachu, das heißt Reinheit, mit 8, der Zahl Jesod, multipliziert, ergibt das Produkt die Zahl Ceder, das heißt *die Ordnung*, welches 264 ist. Diese Zahl ist auch in dem Wort Yarden enthalten. Also bedenke, dass die letzten acht Ordnungen der Reinigung erforderlich sind, bevor die wahre Reinheit folgt.

Von den natürlichen Dingen ist Quecksilber in Jesod enthalten, denn dieses Metall ist das Fundament der gesamten Kunst der Transmutation.

---

[113] Der Legende nach entspringt der Jordan aus zwei Flüssen, Jeor und Dan, woher er seinen Namen hat. Geografisch hat er drei Quellflüsse: Hazbani im Libanon, der Dan in Nordisrael und der Banyas. Jeor ist auch ein anderer Name für Fluss oder den Nil.

[114] Der Jordan fließt durch den See Genezareth und mündet im Toten Meer.

Und so deutet der Name El die Natur des Silbers an, denn beide gehören zu der Kategorie Chesed, (aber hier das untere Chesed, nämlich Jesod). Daher ist der Name El Chai[115] der gleiche wie Cheseph Chai und das heißt Quecksilber.

Und so ist Kokab[116], ein Stern, der Name des Planeten, unter dessen Regentschaft diese Angelegenheit steht. Der Wert des ganzen Wortes ist 49, es ist die gleiche Zahl, die El Chai hat.

Aber denk daran, dass nicht jedes Quecksilber diesem Werk dient, weil die Quecksilbersorten sich voneinander unterscheiden wie Flachs von Hanf oder Seide. Wenn du mit Hanf arbeitest, dann nicht mit der Absicht, die gleiche Zartheit und Glanz von feinem Flachs zu bekommen.

Und einige halten es für ein Zeichen von berechtigtem Wasser; wenn man es mit Gold mischt, fermentiert es sogleich. Aber das gewöhnliche flüssige Quecksilber, das durch das Blei ausfällt[117], leistet dies. Was wird es tun?

Wahrlich, ich sage dir, es gibt keine anderen Zeichen eines echten Quecksilbers, außer dass es sich selbst bei entsprechender Hitze mit einer Schale aus reinstem, veredeltem Gold bekleidet, und dass in kurzer Zeit, ja, in einer Nacht.

Das ist das, was Kokab (Merkur) heißt, ein Stern, nicht ohne ein Mysterium, entsprechend der natürlichen Kabbala, Nu-

---

[115] Einer der Gottesnamen, er steht unter der Sephira Jesod.

[116] Merkur.

[117] Die Ausfällung, damit wird in der Chemie das Abscheiden eines gelösten Stoffes aus einer Lösung bezeichnet. Die Abscheidung zeigt sich als Niederschlag.

meri 24,17[118] »Ein Stern geht in Jakob (Metall) auf«. Oder einfach ausgedrückt: die Form der Ruten und Zweige (Zepter) entstehen, und von diesem Stern fließt der Einfluss, von dem wir sprechen.

Dieses Argent Vive wird in der Gemara[119], Abhandlung Gittin 7,69 Espherica genannt, das heißt sphärisches Wasser, denn es fließt aus der weltlichen Sphäre.

Und in der Genesis 36,39 wird es Mehetabel[120] genannt, so als sei es Me' Hathbula. Durch eine Änderung der Reihenfolge der Buchstaben heißt es nun »die Wasser des Eintauchens«, denn der König ist darin eingetaucht, um sich zu reinigen.

Oder es wird durch Vertauschen der Buchstaben zu El Hatob (hatob = gut). Das heißt: »die Wasser des guten El (Gott)«, oder »des lebendigen Silbers«. »Leben« und »Gut« haben die gleiche Kraft wie »Tod« und »Böse« die gleichen haben.

Dies nennt man die Tochter der Vermessung[121], dies ist (wie der Targum lehrt), die Goldmacherin; Arbeiterin mit täglicher Ermüdung.

---

[118] »Ich sehe ihn, aber nicht jetzt, ich erblicke ihn, aber nicht in der Nähe: Ein Stern geht in Jakob auf, ein Zepter erhebt sich in Israel. Er zerschlägt Moab die Schläfen und allen Söhnen Sets den Schädel.«

[119] Gemara (aramäisch: Lehre, Wissenschaft) ist die zweite Schicht des Talmuds. Ergänzung zur Mischna. Mischna und Gemara bilden den Talmud.

[120] Die Frau von König Hadar.

[121] »Vermessen« im Sinne von messen, Maß anlegen. Ähnlich verhält es sich auch mit der Bedeutung der Tarotkarte »Mäßigkeit«.

Dieses Wasser fließt weder aus der Erde, noch wird es aus der Mine geschürft, sondern es wird mit großer Mühe und viel Fleiß produziert und perfektioniert.

Dies Frau (oder weiblich Form) wird auch als Me Zahab bezeichnet, sie ist das Goldwasser, oder ein solches Wasser, das Gold aussendet.

Wenn der Kunstfertige mit ihr verlobt ist, wird er eine Tochter zeugen, die das Wasser des königlichen Bads sein wird. Obwohl einige diese Braut als das Wasser haben möchten, das aus Gold gemacht wurde, wird diese Braut – auch wenn von armen Männern verlassen – doch großen Männern versprochen.

Der Ehemann von Mehetabel ist der König von Edom. Dieser König des Roten[122] heißt Hadar, der Glorreiche, nämlich die Schönheit des metallischen Königreiches, welches das Gold ist, Daniel 11, 20 – 29. Aber solches Gold kann auf Tiphereth verwiesen werden. Hadar repräsentiert 209. Dies ist die gleiche Zahl, wenn man die Zahl des Tetragrammaton mit 8 multipliziert (das ist die Zahl der Beschneidung und Jesod), und das ganze Wort hinzugefügt[123].

Aber du sollst wissen, dass Tiphereth nach der Kategorie Gewurah verstanden wird. Du weißt, dass diese Zahl dem Ganzen hinzugefügt wird, sie ist auch in Isaak enthalten, der

---

[122] Edom heißt Rot.

[123] Tetragrammaton hat die Zahl 26. Multipliziert mit 8 ergibt es 208. »Das ganze Wort« 2+0+8 ist 10, 1+0 ergibt 1. Diese Eins hinzugefügt ergibt 208+1= 209.

in der gleichen Art und Weise in der Kategorie Gold enthalten ist.

Die Stadt des Königs heißt Pagu[124] – Glanz. Der Namen bezieht sich auf das Strahlen aus Deuteronomium 33,2. Welcher Name hat gemeinsam mit dem Namen Joseph (damit ist Jesod gemeint), dieselbe Zahl: 156? Du weißt, dass Argent Vive für die Arbeit benötigt wird, und dass die königliche Schönheit fürwahr nicht außerhalb dieser glänzenden Stadt wohnt.

An dieser Stelle gehört ein weiterer Beiname genannt, er lautete Elohim Chajim, dies heißt »lebendiger Gott«, denn Elohim und Gold sind von bezeichnen dasselbe Maß. Aber wenn man dieses Wasser so nennt, dann weil Elohim Chajim die Mutter und das Prinzip von dem lebendigen Gold ist. Alle anderen Arten von Gold werden für tot erklärt, ausgenommen dieses.

Auch wenn du irrst, wenn du ihm einen anderen speziellen Namen zuschreiben solltest, möglicherweise lautet er Maqowr[125] Majim Chajim, das heißt: der Quell lebendigen Wassers. Denn von diesem Wasser wird der König belebt, damit dass er allen Metallen und lebenden Dingen Leben spenden kann.

---

[124] Die Stadt wird in Gen 36,39 und 1 Chr 1,50 genannt, als Stadt des edomitischen Königs Hadad.

[125] Interessanter Weise heißt maqowr nicht nur Brunnen und Quelle, sondern auch Frühling und beschreibt auch die »Quelle« des Menstruationsblut bzw. der nachgeburtlichen Blutung.

Die Gemme von diesem Wasser ist ganz wunderbar. Sie zeigt auf ihrer Art und Weise die Zahl Chai (das heißt Leben) 18-mal. Die gleiche Summe in einem magischen Quadrat von 64 Feldern, das ist die Summe von Mezahab, Goldwasser; sie ist in dieser Weise bis ins Unendliche variabel.

8	58	59	5	4	62	63	1
49	15	14	52	53	11	10	56
41	23	22	44	45	19	18	48
32	34	35	29	28	38	39	25
40	26	27	37	36	30	31	33
17	47	46	20	21	43	42	24
9	55	54	12	13	51	50	16
64	2	3	61	60	6	7	57

Hier hast du die Summe von 260, die sich von unten nach oben, von der rechten zur linken Seite, und in den Diagonalen ergibt. Die kleinere Zahl von 260 ist 8, die Zahl Jesod. Auch die Kantenlänge der Gemme sind 8 Felder.

Das Symbol der ersten Summe ist 260, was das Wort *abar* bildet, das heißt, »er ging zurück«, denn im Vorwärtsgehen geht die Summe immer zurück auf die Einheit.

Wenn du z. B. mit 2 beginnst, berechne die erste Spalte mit der 8, dann wird die Summe 268 sein, die in der 7 zusammengefasst wird[126].

Wenn du mit der 3 beginnst[127] wird die Summe 276 sein, die zur 6 zusammengefasst wird. Und so der Rest. Und damit steigt auch die Zahl der Reinigung, das Gewicht des Wassers sinkt.

KAPITEL VIII.

Juneh, die Taube, steht unter dem Änigma (Rätsel) der natürlichen Dinge. Der Name einer Taube ist nie auf den Metallen selbst verzeichnet, aber er steht für die sendende und vorbereitende Formen der Natur[128].

Er, der hier die Natur des Brandopfers versteht, wird keine Turteltaube[129] nehmen, aber zwei junge männliche Tauben

---

[126] Dies bedeutet, dass die 8 zweimal in die Rechnung eingeht.

[127] Hier geht die 8 dreimal in die Summe ein.

[128] Im hebräischen und chaldäischen steht Juneh für eine Taube. Sie ist die Göttin der Geburt, auch Symbol für die Gebärmutter. Außerdem wurde sowohl in Syrien als auch in Palästina dem verstorbenen Geist außerhalb des Körpers als einer Taube gedacht. Damit steht Juneh als Geist und Gebärmutter für die »Sendung« sowie für die »Vorbereitung der Formen«.

[129] Allerdings werden in den folgenden genannten Bibelstellen stets Turteltauben empfohlen.

oder Söhne der Tauben, Levitikus 1,14 und 12,8 und 5,8[130] und 14,22.

Das Wort Beni (Söhne) zählt 62, und ein Paar Tauben sind 2, dies ergibt zusammen 64 und dies ist die Zahl Nogah[131], das ist der Name des 5. Planeten. Du wirst den wahren Weg gehen, denn bedenke: »Arbeite nicht um reich zu werden und gib nicht deine eigene Weisheit auf.» Willst du es nicht deine Augen sofort erkennen lassen? Das wird nicht so sein: Aber der Gelehrte der Weisen macht sich Flügel, und er fliegt wie ein Adler, sowieer die Mineralien zu den Sternen im Himmel lässt; siehe Sprüche 23,4-5[132].

Jerach, der Mond oder Luna. In der Geschichte der Naturwissenschaften heißt sie »Medizin für das Weiße«, denn sie empfängt einen weißen Glanz von der Sonne, die durch ihr Strahlen auf ihre eigene Art die ganze Erde erleuchtet und verwandelt, die das unreine Metall ist.

Und die Stelle bei Jesaja, 30,26 »Das Licht des Mondes ist hell wie die Sonne«, kann jetzt mystisch verstanden werden, weil die Arbeit zu Ende ist. Sie (Luna) hat einen solaren Glanz. An

---

[130] Die Tauben werden schon in Lev 5,7 erwähnt: »Wenn seine Mittel für ein Schaf nicht ausreichen, soll er als Schuldopfer für seine Verfehlung zwei Turteltauben oder zwei Felsentauben vor den bringen, die eine als Sünd- und die andere als Brandopfer.«

[131] Bezeichnung für den Planeten Venus. Auch einer der Söhne Davids, »Brillanz« oder »weißer Glanz«.

[132] »Müh dich nicht ab, um Reichtum zu erwerben, aus eigener Einsicht lass ab davon! (5) Betrachtest du ihn nur flüchtig, ist er schon weg, denn er wird sich gewiss Flügel machen und wie ein Geier zum Himmel fliegen.«

dieser Stelle gehört ein Zitat aus dem Hohelied 6,10: »wie der Mond so schön, strahlend und rein wie die Sonne.«

Mit dem gleichen Namen wird die Materie des Werkes benannt. Denn tatsächlich ist es wie beim zunehmenden Halbmond im ersten Zustand der Konsistenz; und wie der Vollmond in dem letzten Zustand fließend und rein ist. Die Worte Jerach, der Mond, und Raz, Geheimnis, auch Rabui, (eine Vielzahl) haben nach der Gematrie den gleichen Zahlenwert, denn in dieser Angelegenheit finden sich die Geheimnisse der Multiplikation.

Gophrith heißt Schwefel. In der Wissenschaft der Mineralien bezieht sich dieses Prinzip auf Binah und auf die linke Seite wegen seiner Farbe. Gewöhnlich wird auch das Gold nach links verwiesen. Und Charutz[133], eine Art von Gold, bezieht sich auch auf Binah. Es hat als kleinste Zahl eine 7, somit stimmt es mit Gophrith überein.

Deshalb sollte das Gold der natürlichen Weisheit Charutz sein, das ist geschürft, oder dergleichen, aber nicht ausgekocht. Und es ist der Schwefel, der eine feurige Farbe hat. Er durchdringt und verändert sich zu unreinen Erden. Verstehe so »Schwefel mit Salz«, Deuteronomium 29,23[134]. »Schwefel mit Feuer, regnete auf die Bösen«, das sind die unreinen Metalle, siehe auch Psalm 106,6.

---

[133] »Das gelbe Metall«, literarisch für Gold.
[134] Eigentlich schon Vers 22.

Du musst diesen Schwefel ausgraben, er ist wie aus dem Wasser geschürft, als würdest du Feuer aus dem Wasser gewinnen. »Und wenn dich dein Weg direkt vor den Herren führt, wird dein Eisen auf dem Wasser schwimmen«, 2 Könige 6,6[135]. »Geh dann deinen Weg zu dem Fluss Jordan mit Elisha«, siehe Vers 4. »Wer kann von Gewurah[136] des Herrn verkünden?« Psalm 106,2.

Viele suchen anderen Schwefel, und der, der in das »Haus der Pfade« eingetreten ist, sollte sie verstehen, Sprüche 8,2. Der Schwefel von Gold und Eisen – deren Extraktion wird von vielen gelehrt; sie ist einfach. Aber auch von Gold, Eisen und Kupfer und Antimon, die sich verbinden nach der Explosion durch Essig, der aus dem Lixivium[137] kommt, das sich in Rotes Öl verwandelt, mit einem feuchten Hydrargyrum (Quecksilber) – bis zum Farbton Silber. Wie wir aus den Sprüchen 21,20[138] wissen, bleibt ein Schatz zu wünschen übrig, und auch ein Öl wird in der Wohnung eines weisen Mannes gefunden.

Ende.

---

[135] 2. Kön 6,5: »Einem aber fiel beim Fällen seines Stammes die eiserne Klinge des Beils in das Wasser. Er rief laut: Wehe, mein Herr, das Beil ist auch noch geliehen! (6) Der Gottesmann fragte: Wohin ist es gefallen? Er zeigte ihm die Stelle; Elischa schnitt ein Stück Holz ab, warf es dorthin und brachte das Eisen zum Schwimmen.«

[136] Den Großen Taten und dem Rum.

[137] Lixivium ist eine Lösung von alkalischen, aus der Holzasche herausgezogenen Salzen.

[138] »Ein kostbarer Schatz und Salböl sind in der Wohnung des Weisen, aber ein törichter Mensch vergeudet es.«

Abkürzungen biblischer Bücher

Gen	Genesis (1. Buch Moses)
Chr	Chroniken
Dan	Daniel
Dtn	Deuteronomium (5. Buch Moses)
Ex	Exodus (2. Buch Moses)
Hes	Hesekiel
Hos	Hosea
Kön	Könige
Lev	Levitikus (3. Buch Moses)
Neh	Nehemia
Ps	Psalter
Sach	Sacharja

Bei der Übersetzung der Bibelzitaten haben ich mich an die Einheitsübersetzung von 2016 gehalten.

VON CHRISTIAN EIBENSTEIN ERSCHIENEN:

Das Buch der wahren schwarzen Magie: La véritable magie noire
ISBN-13 : 978-3752838862

Fünf Bücher der Schwarzen Magie: Kornreuther, Herpentil, Scotus und Dee – Geister, Siegel und Beschwörungen
ISBN-13 : 978-3842366732

Grimoirium Verum – Solomons Schlüssel der Weisheit: Zwei Bücher der praktischen Magie   ISBN-13 : 978-3848201792

Das Heptameron und Pneumatologia Occulta et vera: Zwei Bücher der praktischen Magie
ISBN-13 : 978-3738603224

Grimorium Mercurium: Ein magisches Buch mit allerhand geheimen und seltsamen Rezepten, somit jeder zu Glück, Reichtum und gesundem Leben gelangen kann.
ISBN-13 : 978-3844814439

Der kleine Albert: Die magische Schatzkiste
ISBN-13 : 978-3746025391

Archidoxis Magicæ: Die magischen Talismane und Siegel des Paracelsus
ISBN-13 : 978-3746025469

Das Schwert Moses: Ein altes Buch der Magie
ISBN-13 : 978-3848204823